18241

DISCOURS
SUR
LA RECEPTION
DE MESSIRE
ACHILLE
DE HARLAY
EN LA CHARGE
DE
PREMIER PRESIDENT.
Le 12. Novembre 1689.

A PARIS,
Chez ANTOINE LAMBIN, ruë saint
Jacques, au Miroir.

M. DC. LXXXX.
Avec Permission.

Quemcunque requires
Hac de Stirpe virum, certum est de
consule nasci,
Per fasces numerantur avi, semperque
renatâ
Nobilitate virent, & prolem fata se-
quuntur
Continuum simili servantia lege teno-
rem.

Claud. de probi. & olibr. Frat.
Consulatu.

A MESSIRE
ACHILLE DE HARLAY
CHEVALIER
COMTE DE BEAUMONT,
CONSEILLER DU ROY
EN TOUS SES CONSEILS
PREMIER PRESIDENT
EN SA COUR DE PARLEMENT.

ONSEIGNEUR,

Je sçay que vous n'ai-
A ij

mez pas les loüanges, & mon dessein n'est pas aussi de vous en donner. Mais ayant trouvé parmi mes propres Paternels une êbauche de votre Portrait dans celuy que feu mon pere a fait de Monsieur de HACQUEVILLE l'un de vos Predecesseurs ; trouvez bon que je me prevale de cet avantage domestique, qui me donne occasion d'admirer vostre modestie. J'ose même, MONSEIGNEUR, vous presenter cette petite *piece* ; elle eſt d'un temps non ſuſpect, & le Procureur qui y a mis la main, n'auroit pas eu le bonheur d'eſtre ſous la protection de vos illuſtres Anceſtres, s'il n'eut eſté du caractere, dont vous voulez, avec tant de juſtice, que ſoient les perſonnes de ſa profeſſion. Que ſi j'ay tâché de vous copier aprés luy, & avec la même ſimplicité, c'eſt que je ne puis reſiſter aux ſentimens qu'il m'a toûjours inſpirez, & qui ſont de

*vous marquer avec com-
bien de respect ie suis,*

MONSEIGNEUR,

Vôtre tres-humble & tres-obeïs-
sant serviteur NICOLAS LEMEE
Avocat au Parlement.

AU LECTEUR.

LE Discours que j'ay fait sur la reception de Monsieur le premier President n'a pas tout à fait déplû; c'est pourquoi j'ay ajoûté à cette troisiéme Edition plus correcte que les précedentes, la Piece latine qui m'a servi de modele. Feu mon Pere ancien Procureur au Parlement en est l'auteur, & la reception de Monsieur de HACQUEVILLE en la même charge de premier President y a donné lieu : de sorte que l'on peut trouver sous la main l'Histoire de la promotion de ces deux grands Magistrats. Comme mon Discours n'est qu'une pure imitation de celuy de mon Pere, j'ay tâché de n'avoir au défaut de la langue qu'un même esprit avec luy. Cette scrupuleuse conformité ne semblera pas étrange à ceux qui sçavent que le Pere & le fils ne font parmi nous qu'une même personne. Si neanmoins quelqu'un y trouvoit à redire, je le prie d'écouter un grand Empereur qui veut bien m'excuser; *Præcipuam*, dit-il, *Curam duxit, sensum animi quàm apertissime exprimere, quod quo faciliùs*

Imperator Augustus apud Sueto. Num. 86

efficeret, *aut necubi lectorem vel auditorem obturbaret ac moraretur, neque præpositiones verbis addere, neque conjunctiones sæpiùs iterare dubitavit; quæ detractæ afferunt aliquid obscuritatis, etsi gratiam augent.*

Je ne puis m'empêcher de transcrire icy un Quatrain, qui me fut envoyé par un de mes amis & confreres, lors de l'édition des Opuscules de mon Pere, à l'occasion du Certificat, qui en avoit été donné, conçeu en ces termes. *Je n'y ay rien trouvé contre les bonnes mœurs, contre les Loix de l'Etat & de la Religion, bien qu'il soit rare de voir imprimer de ces sor-*

tes d'ouvrages latins faits par des Procureurs, neanmoins cet exemple peut servir à donner de l'émulation à ceux qui suivent cette profession.

A Monsieur Lemée Avocat au Parlement, sur le Certificat des Opuscules de feu M. son Pere, ancien Procureur en la Cour,

EPIGRAMME.

Lemée excuse ce Censeur,
Il loüe en faisant le critique;
On a souvent au Droit preferé la pratique,
S'il est rare, il est beau de voir un tel Auteur.

ILLUSTRISSIMI VIRI D. D. HACQUAVILLÆI SENATUS GALLIARUM PRINCIPIS INAUGURATIO.

GALLICI nominis gloriam non solùm arma, sed etiam leges sibi vindicant. Armorum imperium penes Principem; Juris autem & legum Provinciam concessione Regiâ Senatus obtinuit. Hanc olim susceperat Vir fortissimus ACHILLES HARLÆUS; cujus merita, ut sui sæculi laudem, sic sequentis ævi superabunt fidem. Huic meritissimo suffectus est dignissimus VERDUNUS, cujus eximias ingenii dotes & Justitiæ zelum, quô semper emicuit, nulla ætas unquam nisi impari com-

J'ay extrait cette piece des Opuscules de mon pere.

Il le loüe de sa constance dans la Bastille lors qu'il répondit courageusement aux Chefs de la ligue, ces paroles dignes d'une é-

ternelle memoire, Moname est à Dieu; mon cœur est au Roy, & mon corps est au pouvoir des revoltés.

mendatione celebrabit: VERDU-
NUS inquam, cujus nuper deside-
rio penè confecta Themis, longio-
ri luctu viduitatis suæ ægritudi-
nem produxit, donec Jovis nos-
tri Gallici monitu, novis impres-
sa ignibus charo suo HACQUA-
VILLÆO, in dotem Justitiæ & ve-
ritatis oracula consignavit.

Et hoc fuit insolitæ cunctatio-
nis singulare argumentum, neque
enim HACQUAVILLÆUM cer-
tantibus hinc inde studiis error
hominum, vel ambitio popularis,
aut imaginum nuda series, quæ
omnia temporum vicibus & oc-
casione indigent, sed spectata in-
ter peritissimos judicandi solertia
& probitas ad supremum tantæ
dignitatis fastigium erexit.

Mirum tamen, quod cùm per
plures menses, non solùm ex
placito Regis, verùm etiam ex
communi reipublicæ voto, offi-
cii munia obierit, nemini un-

quam ante hodiernum diem, sub antecessoris Præsidis nomine, ipsum salutanti acquieverit.

An non forsitan, ut spretis honoribus publicis, genuinæ suæ moderationi emereretur encomium? Absit credere; non enim is est HACQUAVILLÆUS, ut pro augenda æstimatione nominis proprii, ordinis sui dignitatem, cum Regiæ auctoritatis dispendio minui patiatur.

Sed Vir generosissimus meliori consilio nobiliùs duxit, delatum sibi Regiâ liberalitate Magistratum, rerum bene gestarum gloriâ, & gentilitiæ virtutis splendore illustrare, quàm à vanis nominum coloribus & titulis Principis suæ dignitatis primordia auspicari.

Verùm quia tandem inaugurationis suæ dies illuxit; liceat nunc illum liberè & palàm Senatus Galliarum Principis ducem salutare; liceat purpuræ suæ micanstés ignes oculis caligantibus intuendo adorare ; liceat , capitis sui * Diademati aureo titulos doctissimi, solertissimi, & sapientissimi Senatus Principis inscribere ; liceat tandem, aut potiùs nemini aliter liceat, in tantæ fœlicitatis lætitiam, quàm Regi nostro benè precari; qui illum , summo reipublicæ beneficio, non Galliarum, sed totius orbis augustissimo Senatui præposuerit.

<small>* Son Mêrtier.</small>

Vivat ergo atque iterum vivat LUDOVICUS Rex noster, vivat REGINA, & brevi DELPHINUM in Galliæ solatium proferat; vivat etiam & in longos dies, vivat HIERONYMUS HACQUAVILLÆUS Senatus Princeps : securis nobis, quod & quandiu vixerit, tandiu Regis incolumitati, legum tuitioni & reipublicæ bono abunde cautum erit.

Vovebat ex animo PETRUS LEMEÉ Parisiensis die 25. Septemb. 1627.

DISCOURS
SUR LA RECEPTION
DE MESSIRE
ACHILLE DE HARLAY
EN LA CHARGE
DE
PREMIER PRESIDENT.

I les François ont toûjours fait gloire de l'exercice des Armes, ils n'ont pas été moins jaloux de l'étude des Loix. Le Prince s'est reservé l'empire avec le soin de la guerre ; mais il est vrai de dire, que par une concession royale il confie l'administration des Loix au Senat & aux Magistrats que sa sagesse établit.

Il y a plus de cent ans qu'un

ACHILLE DE HARLAY fut mis à la tête du Parlement, pour exercer une fonction si glorieuse : cependant le titre de premier Président, dont HENRY III. l'honora en 1582. n'ajouta rien à son merite ; & cette verité ne surpasse pas moins la creance de notre siecle, que les louanges qu'il a reçeuës à la fin du dernier, & au commencement de celui-ci. Enfin dans une extrême vieillesse, succombant, pour ainsi dire, sous le poids de ses propres honneurs, on le vit remettre en 1611. cette importante commission, entre les mains de Louis LE JUSTE, qui lui substitua Nicolas de VERDUN.

Nous voions aujourd'hui quelque chose d'approchant, Messire ACHILLE DE HARLAY vient reprendre au Palais la place de son illustre Bis-aieul, il y est conduit par la main liberale de

LOUIS LE GRAND, & il n'occupe ce poſte qu'aprés la demiſſion volontaire de M. de NOVION, à qui le ſage Prince qui nous gouverne, a bien voulu permettre de ſe retirer, en le comblant d'honneurs & de bien-faits.

L'élevation de Monſieur de HARLAY ſi avantageuſe au public, & ſi favorablement reçeuë des gens de bien, eſt aſſurement ſinguliere dans toutes ſes circonſtances. Mais on ne peut pas douter auſſi, qu'elle ne ſoit en quelque façon myſterieuſe. Il ſemble que l'intervalle de cent années, qui ſe trouve entre la promotion de ce digne Magiſtrat, dont il porte le Nom, & la ſienne, ne peut être que de bon augure ; ce nombre de perfection ne nous promet rien de mediocre, & l'on voit un illuſtre Deſcendant, comme renaître des cendres de ce fameux ACHILLE, qui ſçaura *Horat, In carmine sæculari.* bien reparer les défauts du passé, & remettre toutes choses en meilleur état pour l'avenir.

Mais puisqu'il a plu à la Providence d'en ordonner ainsi, pour le bien de la Justice, & pour l'accomplissement des Oracles de la verité, qui est au dessus de tous les temps, & ne dépend point du caprice ny du hazard de l'occasion : nous sommes tous pleinement persuadés que ce n'a point été ny la faveur aveugle des courtisans partagés, ny la brigue échauffée d'un peuple prévenu, ny la recommandation d'une ancienne Noblesse qualifiée, qui ont si promptement élevé Monsieur de HARLAY à cette haute dignité, mais qu'il en est uniquement redevable à la parfaite connoissance que le Roy a euë de sa profonde experience, jointe à une probité consommée, qui l'en ont rendu digne, auſſi bien que de l'eſtime de ſon Prince.

Neanmoins ſi le Choix judicieux que le Roy a fait d'un ſi rare ſujet, pour être le chef de ſon Parlement, nous apprend avec quelle prudence, & avec quel diſcernement il ſçait diſtribuer ſes graces, il nous avertit auſſi du reſpect, & de la ſoumiſſion avec laquelle on les doit recevoir. En effet nous voions qu'encore que ſa Majeſté eut accordé quelques mois auparavant à Monſieur de HARLAY ſes Lettres de proviſion de la charge de premier Preſident, il n'a pourtant pas voulu ſouffrir qu'aucun l'ait abordé & ſalué juſques à ce jour ſous un nom qui convient ſi fort à la ſuperiorité de ſon genie.

Il a imité en cela l'Illuſtre & genereux HIEROME DE HACQUEVILLE; car l'Hiſtoire nous apprend qu'encore que cet excellent Magistrat, qui étoit déja le second de son ordre, eut fait les fonctions du premier, durant plusieurs mois, neanmoins il avoit toûjours refusé un nom qui luy sembloit fastueux, jusques à la ceremonie de sa reception.

Une modestie si admirable auroit sans doute dequoi surprendre, si l'on ne sçavoit pas qu'elle est naturelle à Monsieur de HARLAY, & l'on ne croira jamais qu'en méprisant des honneurs publics, il en ait voulu procurer de particuliers à sa vertu. Ce sage Magistrat est trop religieux observateur de la regle, pour aimer d'avantage l'augmentation de sa grandeur & de son nom, que celle de la dignité de son ordre, & de l'autorité royale.

Aussi a-t-il eu bien d'autres motifs, puisqu'il a crû qu'il luy étoit infiniment plus glorieux, d'honnorer fa charge par l'éclat de la vertu de fes Ancêtres, & par la noble ambition de bien faire, en les imitant, que d'en prévenir le titre pompeux, par une vaine & inutile oftentation.

Mais puifque l'heureux jour de fa reception eft enfin arrivé; qu'il foit maintenant permis de le faluer librement & publiquement comme le Chef du premier des Parlemens de France; qu'il nous foit permis, fuivant l'expreffion de nos Loix, de venir adorer le feu brillant de fa pourpre, en le regardant fixement & avec plaifir, quand nos yeux en devroient être éblouïs; qu'il nous foit, dif-je, permis de confacrer au tour de cette efpece de couronne, qui le diftingue, les titres glorieux de tres éclairé, tres éloquent, tres fage, & tres équitable premier Prefident; qu'il foit enfin permis à tout le monde, ou plutôt qu'il ne soit permis à personne d'en user autrement, que de souhaiter au milieu de la joie publique, autant de prosperité au Roy qu'il en merite, pour le bien inestimable qu'il vient de procurer à l'Etat, par l'élevation d'un Magistrat si accompli; qui n'est pas moins le Chef de la premiere Compagnie du Royaume, que de la plus auguste qui soit dans l'Univers.

Vive donc le Prince qui nous fait tant de bien, vive LOUIS LE GRAND, si digne des respects de toute la Terre, & de l'empire de nos cœurs; mais qu'il vive aux dépens de nos propres années, qu'il a conservées & conserve encore tous les jours par tant de travaux militaires, & par tant de bontés paternelles; qu'il vive encore une fois, & qu'il voye accomplir l'esperance que nous avons conçeuë de son Fils, par l'heureuse campagne de Philisbourg : ainsi que de ses Petits-Fils , par les grandeurs qu'ils font déja paroître, & qui ne degenereront point de celles de leur Ayeul & de leur Pere.

Cependant si les vœux des gens de bien, & des personnes qui aiment la Justice meritent d'être exaucés, qu'ACHILLE DE HARLAY Prince du Senat vive aussi; qu'il soit long-temps le Chef & l'ame de ce Corps auguste, qui le vient de recevoir ; puisque nous sommes assurés, que de la conservation d'un si grand Magistrat, dépend celle du Roy, l'execution de ses Ordonnances, & le bonheur de ses Peuples.

LÆTITIA PVBLICA.

Læta bis octonis accedit purpura fastis
Cæsaris, insignemque aperit Germanicus annum.

Atque oritur cum sole novo, cum grandibus astris,
Clarius ipse nitens, & primô major Eoô.
Exultent leges Latiæ, gaudete curules,
Et septemgemino jactantior æthera pulset
Roma jugo, plusque ante alias Evandrius arces
Collis ovet, subiere novi Palatia fasces.

Ex Statio de decimo septimo Consulatu Domitiani.

www.ingramcontent.com/pod-product-compliance
Lightning Source LLC
Chambersburg PA
CBHW070453080426
42451CB00025B/2720